Das methodisch-exzellente Vorgehen bei einer quantitativen Fragebogenstudie

Eine schriftliche Präsentationsunterlage über die empirischen und statistischen Verfahren anhand einer künftigen Masterthesis

Max Kremnitz

Bibliografische Information der Deutschen Nationalbibliothek:

Die Deutsche Nationalbibliothek verzeichnet diese Publikation in der Deutschen Nationalbibliografie; detaillierte bibliografische Daten sind im Internet über http://dnb.d-nb.de abrufbar.

ISBN: 9783346627612
Dieses Buch ist auch als E-Book erhältlich.

Druck und Bindung: Books on Demand GmbH, Norderstedt Germany
Gedruckt auf säurefreiem Papier aus verantwortungsvollen Quellen

Das vorliegende Werk wurde sorgfältig erarbeitet. Dennoch übernehmen Autoren und Verlag für die Richtigkeit von Angaben, Hinweisen, Links und Ratschlägen sowie eventuelle Druckfehler keine Haftung.

Das Buch bei GRIN: https://www.grin.com/document/1189821

Hochschule für angewandtes Management - Campus Berlin

Fachbereich: Wirtschaftspsychologie

Wintersemester 2021/2022

Schriftliche Präsentationsunterlage

Das methodisch-exzellente Vorgehen bei einer quantitativen Fragebogenstudie

Eine schriftliche Präsentationsunterlage über die empirischen- und statistischen Verfahren anhand einer künftigen Masterthesis im Rahmen des deepR-Forschungsprojekts

vorgelegt von

Max Kremnitz

2. Semester

Tag der Einreichung: 18.02.2022

I.   Abstract

Deutsch:

Diese schriftliche Präsentationsunterlage beschäftigt sich mit der methodisch-exzellenten Vorgehensweise bei einer quantitativen Fragebogenstudie anhand einer künftigen Masterthesis im Rahmen des deepR-Forschungsprojekts. Dabei wird, nach einer Einleitung in die wissenschaftliche Thematik, die gesamte literarische Arbeit immer in Bezug zu einem bereits abgehaltenen Vortrag gesetzt. In dem zweiten Kapitel der Präsentationsunterlage geht es dann um das Forschungsprojekt und die geplante quantitative Fragebogenstudie im Sinne der Masterthesis. Nachfolgend wird dann die beschriebene Forschungsmethode als auch die quantitative Forschung im Allgemeinen kritisch diskutiert und inhaltlich erörtert. Im letzten Kapitel des Hauptteils geht es dann um eine Abgrenzung und fachliche Gegenüberstellung anderer Forschungsmethoden, welche ebenfalls einen allgemeinen als auch forschungsprojektbezogenen Fokus hat. Das Ziel und gleichzeitig Ergebnis dieser schriftlichen Präsentationsunterlage ist dabei einen Appell an die Forschung zu senden, sodass bei einem empirischen Projekt auch die altbewährten und standardisierten Forschungsmethoden und Forschungsansätze akribisch hinterfragt werden. Weiterhin lässt sich diese Literatur als Leitfaden für die Erstellung einer quantitativen Forschungsarbeit, als Abwägung für eine geplante Forschungsmethode oder in Bezug auf die Arbeitswelt als Unterstützung für eine, aus wissenschaftlicher Sicht sinnvolle, Mitarbeiterbefragung genutzt werden.

English:

This written presentation paper deals with the methodical-excellent approach to a quantitative questionnaire study on the basis of a future Master's thesis within the framework of the deepR research project. After an introduction to the scientific topic, the entire literary work is always related to a presentation that has already been given. The second chapter of the presentation document then deals with the research project and the planned quantitative questionnaire study in terms of the Master's thesis. Subsequently, the described research method as well as quantitative research in general is critically discussed and the content is discussed. The last chapter of the main section then deals with a delimitation and professional comparison of other research methods, which also has a general as well as research project-related focus. The aim and simultaneous result of this written presentation paper is to send an appeal to research so that the tried and tested and standardised research methods and research approaches are also meticulously scrutinised in an empirical project. Furthermore, this literature can be used as a guideline for writing a quantitative research paper, as a consideration for a planned research method or, in relation to the world of work, as support for an employee survey that makes sense from a scientific point of view.

II. Inhaltsverzeichnis

III. Abbildungsverzeichnis

1. Einleitung

„Welche Folgen hat der Wandel für die Forschung und wie sind die Folgen zu bewerten?" (Krücken, 2006, S. 1)

Messungen in der wissenschaftlichen Disziplin der Psychologie sind schon immer eine große Herausforderung. Auch wenn die Forschung in der quantitativen Psychologie mehrere Methoden und Techniken entwickelt hat, um unser Verständnis des Menschen zu verbessern, hat der rasche Fortschritt der Technologie aus den letzten Jahrzehnten zu einer umfassenderen Untersuchung der menschlichen Kognition, einschließlich der emotionalen und verhaltensbezogenen Aspekte, geführt. Eine der größten Herausforderungen in der quantitativen Psychologie und Messung betrifft daher unter anderem die Integration von Technologien und Computertechniken wie beispielsweise Virtual Riality (VR) in aktuelle Standards (Cipresso & Immekus, 2017, S. 1). Dies ist auch kein Einzelphänomen. Forscher, Redakteure und andere Akteure der Scientific-Community zeigten und zeigen viel Interesse und große Begeisterung für internetbasierte Forschungsmethoden. Die methodische Forschung hat jedoch gezeigt, dass es eine Reihe von Herausforderungen gibt, die Online-Forscher berücksichtigen müssen (Reips et al., 2016, S. 139f.).

Des Weiteren wäre es auch klug, sich mit den Einschränkungen und Mängeln der altbewährten Forschungspraktiken und Forschungsansätze auseinanderzusetzen (Grice et al., 2017, S. 1). Die lange Tradition der Verwendung von Selbstauskunftsfragebögen ist zum Beispiel immer noch von großem Interesse in der Forschung, reicht aber im 21. Jahrhundert, laut vielen renommierten Wissenschaftlern auf der anderen Seite der Medaille nicht mehr aus. In der Wissenschaft bedeutet einheitlich die Begrifflichkeit „eine Schlussfolgerung zu ziehen" seine Argumentationskraft zu nutzen, um eine Schlussfolgerung überhaupt zu erlangen (Cipresso & Immekus, 2017, S. 2). Doch Fragebögen messen was angegeben wird und dies muss nicht zwangsläufig der Realität entsprechen (Boynton & Greenhalgh, 2004, S. 1313). Es ist daher natürlich auch bekannt, dass alle wissenschaftlichen Modelle unvollständig sind und ihre Grenzen haben (Cipresso & Immekus, 2017, S. 6). Dennoch sollte die Wissenschaft an diesem Problem arbeiten und sich den Veränderungen in ihren Forschungsgewohnheiten nicht entgegenstellen. Es geht also darum den Mut zu finden, bestehende Methoden und Analysetechniken in Frage zu stellen und Veränderung nicht als Bedrohung anzusehen, sondern eher als eine Tatsache, dass sich die moderne Wissenschaft in einem Wandel der Verbesserung befindet (Grice et al., 2017, S. 18).

Infolge dessen fokussiert sich diese Präsentationsunterlage, basierend auf einen abgehaltenen wissenschaftlichen Vortrag, auf die kritische Betrachtung einer quantitativen Fragebogenstudie, um einerseits das methodisch-exzellente Vorgehen bei einer solchen Studie zu gewährleisten. Hier werden die empirischen- und statistischen Verfahren anhand einer künftigen Masterthesis im Rahmen des deepR-Forschungsprojekts aufgeführt, um diese kritische Stellungnahme zu erzielen. Im Allgemeinen wird deshalb in dem nachfolgenden Kapitel auf die allgemeinen Faktoren, das Erhebungsinstrument, die erstrebenswerte Stichprobe und die Datenanalyse eingegangen. Nachfolgend soll dann die beschriebene Forschungsmethode kritisch diskutiert und im letzten Kapitel des Hauptteils mit anderen, teilweise auch technologiebasierten, empirischen Methoden gegenübergestellt werden. Final erfolgt dann noch eine Zusammenfassung, um diese hier vorliegende Präsentationsunterlage für die wissenschaftliche Praxis nutzbar zu machen.

2. Allgemeines zum Forschungsprojekt und der Masterthesis

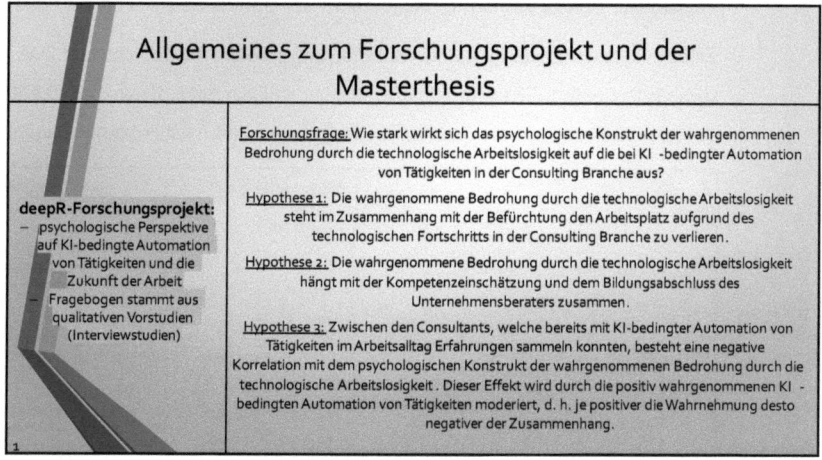

Abbildung 1: Allgemeines zum Forschungsprojekt und der Masterthesis (Humboldt-Universität zu Berlin, 2021, S. 1)

Das Digital Era Evidence-based Psychological Research (deepR), in dessen Rahmen die hier angesprochene künftige Masterthesis durchgeführt werden soll, ist ein Forschungsprojekt am Lehrstuhl für Sozial- und Organisationspsychologie in dem Institut für Psychologie an der Humboldt-Universität zu Berlin. Im deepR-Projekt wird eine psychologische Perspektive auf die KI-bedingte Automation von Tätigkeiten und die Zukunft der Arbeit eingenommen. Themen wie das bedingungslose Grundeinkommen aus Sicht der Psychologie oder KI-bedingte, veränderte Kompetenzanforderungen an beispielsweise Ärzten und Psychotherapeuten oder auch der Einfluss von KI auf die Unternehmensberatung und das Personalwesen werden dabei empirisch untersucht. Die Vorarbeiten des Forschungsprojektes laufen seit dem Jahr 2006 und der Förderbeginn fand im Jahr 2019 statt. Daher sind an diesem Projekt das Privat-Institut für Qualitätssicherung in Personalauswahl und Entwicklung GmbH (IQP), die Kienbaum Stiftung und die Elsa-Neumann-Stiftung beteiligt. Da sich diese hier beschrieben Masterthesis aber vor allem auf die quantitative Fragebogenstudie bezieht, gilt es noch zu erwähnen, dass der Fragebogen aus qualitativen Vorstudien (Interviewstudien) entstand, welche bereits in der Frühphase des Projektes durchgeführt wurden (Humboldt-Universität zu Berlin, 2021, S. 1). Dieses Vorgehen wird auch in der Empirie oftmals so angewandt, da ein fundierter und valider Fragebogen erst durch die Sammlung und Auswertung von tiefem Wissen entstehen kann (Moosbrugger & Kelava, 2012, S. 59). Resultierend aus diesen Fragenbogen ist daher die, in der ersten Folie enthaltende Forschungsfrage inklusive der dazugehörigen Hypothesen entstanden, welche alle den Branchenfokus der Unternehmensberatung beinhalten.

Doch wie sieht so ein quantitativer Forschungsprozess eigentlich aus? Die Antwort auf diese Frage liefert die nachfolgende Folie, in welcher auch die wissenschaftlichen Gütekriterien in Bezug auf die quantitative Fragebogenstudie näher betrachtet werden.

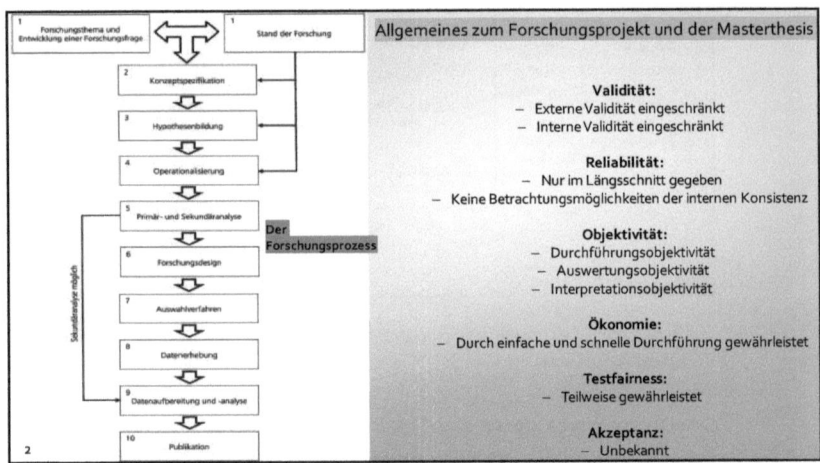

Abbildung 2: Forschungsprozess und wissenschaftliche Gütekriterien (Dilchert, 2021; Döring et al., 2016; Krüger, 2014; Moosbrugger & Kelava, 2012; Rammstedt, 2004; Schmidt & Voeth, 2021; Schnell et al., 2008; Schütz & Röbken, 2016; Tausendpfund, 2019)

Nachdem der Forschungsprozess anhand der Folie nun verständlich aufgeführt wurde, sollte zunächst ein detaillierter Blick auf die wissenschaftlichen Gütekriterien geworfen werden. Angefangen bei der Validität lässt sich daher festhalten, dass bei quantitativen Fragebogenstudien die externe Validität zum Beispiel aufgrund Gelegenheitsstichprobe eingeschränkt ist (Döring et al., 2016, S. 94–97; Krüger, 2014, S. 213). Auch lässt sich feststellen, dass die interne Validität wegen der verwendeten prospektiven Items ebenfalls eingeschränkt ist (Dilchert, 2021, S. 13). Betrachtet man nachfolgend die Reliabilität zum Beispiel im Hinblick auf die Äquivalenz, ist diese auch nur im Längsschnitt gegeben. Dies ist für das deepR-Forschungsprojekt jedoch nicht geplant. Es steht also für das deepR-Forschungsprojekt kein Paralleltest oder Retest zur Verfügung. Des Weiteren ist keine Betrachtungsmöglichkeit der internen Konsistenz möglich, da nicht jedes Item in diesem Fragebogen miteinander korreliert (Moosbrugger & Kelava, 2012, S. 201ff.; Rammstedt, 2004, S. 2–8). Trotz all dieser Kritik, ergab eine Studie von Jordan und

Turner, dass single-item measures, welche auch in dem Fragebogen des deepR verwendet werden, im Vergleich zu full-scale measures mit höherer Reliabilität (.70) abgeschlossen haben (Jordan & Turner, 2008, S. 237–257). Dieser Wert von .70 ist zum Beispiel, laut Geroge und Mallery im Hinblick auf die Reliabilität, akzeptabel (George & Mallery, 2002, S. 231). Weiterhin muss an dieser Stelle auch nochmal erwähnt werden, dass der Fragebogen resultierend aus im Vorfeld durchgeführten qualitativen Interviewstudien konzipiert wurde und durch mehrere Pretests grundlegend überarbeitet wurde, was den negativen Aspekten der mangelnden Reliabilität entgegenwirkt (Ebermann, 2010, S. 1). Die Objektivität, als letztes wissenschaftliches Hauptkriterium, ist bei einer Fragebogenstudie, daher auch bei der Masterthesis, gewährleistet. Die Durchführungsobjektivität ist wegen der Tatsache das es sich um eine Onlineumfrage handelt gewährleistet. Auch ist die Auswertungsobjektivität wegen der festgelegten Auswertungsregeln gewährleistet. Dies ist auch genauso bei der Interpretationsobjektivität, da die Auswertung und Interpretation anhand statistischer Kennzahlen stattfinden (Moosbrugger & Kelava, 2012, S. 2–4; Rammstedt, 2004, S. 2–4). Nicht zu verachten sind jedoch noch die Nebengütekriterien. Hierzu zählt zum Beispiel die Ökonomie, welche durch die einfache und schnelle Durchführung, in Summe zehn Minuten, gewährleistet ist. Die sogenannte Testfairness ist jedoch nur teilweise gewährleistet, da bei der Masterthesis zum Beispiel nur die Branche des Unternehmensberaters eine zentrale Rolle spielt. Hierdurch besteht eine Benachteiligung für andere Branchen, was in diesem Fall der Testfairness widerspricht (Krampen, 2019b, S. 1). Betrachtet man wiederum das ganze deepR-Forschungsprojekt, kann jeder teilnehmen, was in diesem Fall die Fairness sicherstellt. Im Hinblick auf die Akzeptanz kann leider keine Aussage getroffen werden, da keine Akzeptanzstudie im Vorhinein durchgeführt wurde, was für die Gewährleistung dieses Kriteriums zwingend erforderlich ist (Schmidt & Voeth, 2021, S. 2).

Nachdem nun die Gütekriterien an dieser Stelle der Präsentationsunterlage kritisch diskutiert wurden, empfiehlt es sich, final noch einen Blick auf das nachfolgend dargestellten Forschungsdesign zu werfen.

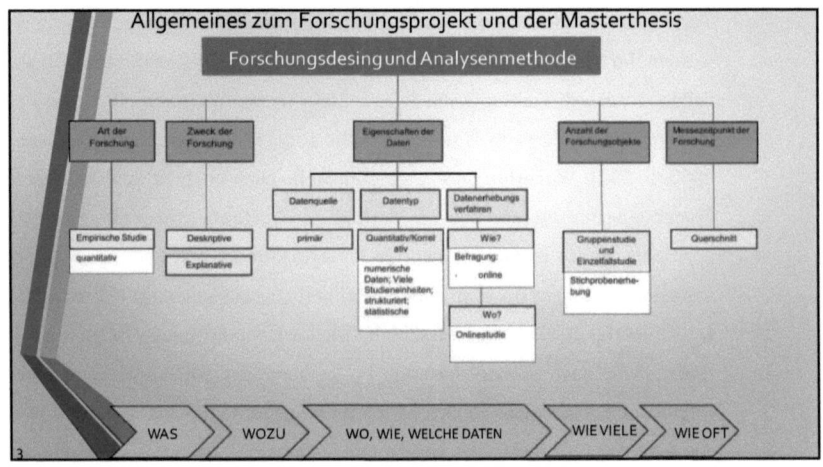

Abbildung 3: Das Forschungsdesign der Masterthesis (Döring et al., 2016; Häder, 2015)

An dieser Abbildung und den bisherigen Erwähnungen lässt sich erkennen, dass es sich um eine quantitative Onlineumfrage handelt. Dies ist begründet, weil dadurch ein größerer Stichprobenumfang als in einer qualitativen Forschung erzielt werden, die Überprüfung anhand der deduktiv abgeleiteten Hypothesen stattfinden und die Messung von Zusammenhängen sichergestellt werden kann (Albers, 2007, S. 4ff.; Döring et al., 2016, S. 143ff.). Und da auch keine Erhebung über einen längeren Zeitraum geplant ist, sondern zu einem festgelegten Zeitpunkt, handelt es sich daher um eine Querschnittstudie (Häder, 2015, S. 112).

2.1. Das Erhebungsinstrument

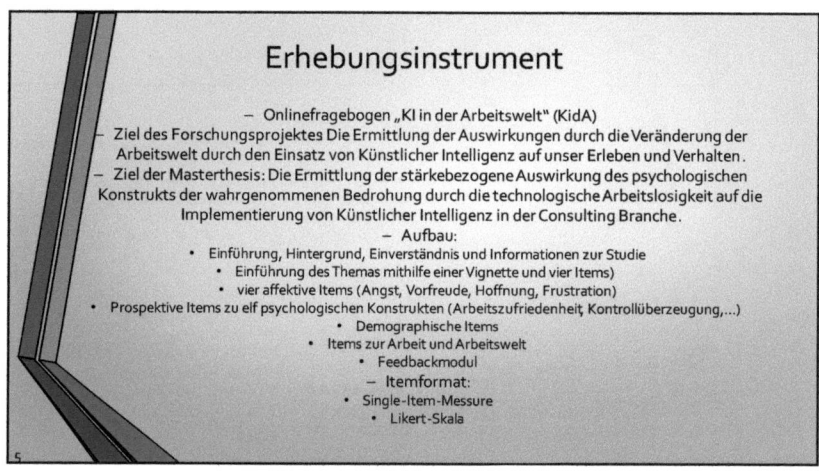

Abbildung 4: Das Erhebungsinstrument (Dilchert, 2021)

In diesem Unterpunkt des ersten Kapitels der schriftlichen Präsentationsunterlage geht es um das Erhebungsinstrument, welches in Bezug zu der Masterthesis und dem Onlinefragebogen steht. Dieser Fragebogen, welcher von Nicole Dilchert im Rahmen ihrer Promotion erstmals entwickelt und nachher im Rahmen des deepR-Projektes überarbeitet wurde, verfügt über insgesamt 53 verschiedene Items. Darunter sind vier affektive Items, welche die Emotionen Angst, Vorfreude, Hoffnung und Frustration messen sollen. Des Weiteren enthält der Fragebogen prospektive, also auf die Zukunft bezogene, Items, demografische Items sowie Items zur Arbeit und Arbeitswelt. Nahezu alle Items verfügen als Itemformat über eine siebenstellige Likertskala und sind ordinal beziehungsweise quasi metrisch skaliert. Weiterhin wurden mit dem Erhebungsinstrument auch Pretests durchgeführt (Dilchert, 2021, S. 12ff.). Doch warum sind Pretests eigentlich so relevant? Dies liegt daran, dass bei einem Instrumentenwechsel während einer Studie die Studie als abgeschlossen zu betrachten ist und alle weiteren mit dem modifizierten Instrument erfassten Daten als separate Stichprobe zu behandeln sind. Der Pretest ist daher zwar für die reine Item-Messung nicht trivial wichtig, aber für Generalisierbarkeit hingegen schon (Reips et al., 2016, S. 144). Zu alledem enthält der Fragebogen auch ein Feedbackmodul, was die abgegeben Antworten der Einzelperson mit den Mittelwerten aller bisher teilgenommenen Personen widerspiegelt. Dieses Feedbackmodul ist deshalb nennenswert, da es die Teilnehmer motiviert und Abbruchquote minimiert (Frick et al., 2001, S. 209–217).

2.2.Stichprobe und Akquise

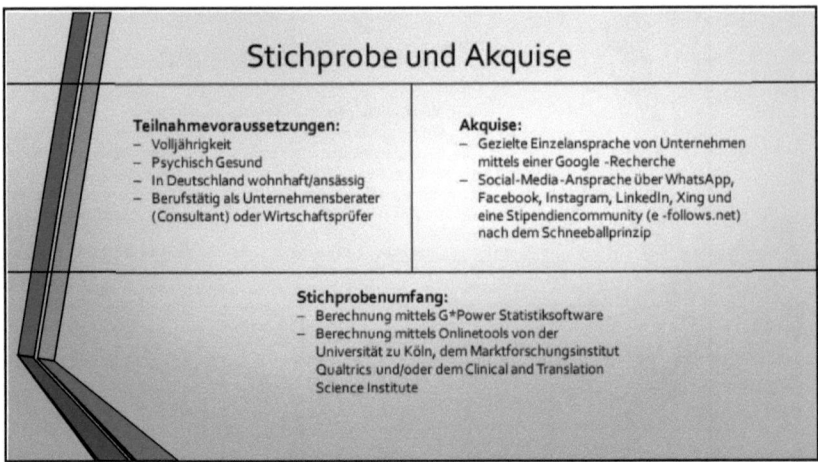

Abbildung 5: Stichprobe und Akquise (Buchwald & Thielgen, 2009; Qualtrics, 2022;
Senyak et al., 2021; Stodden, 2022)

Im Hinblick auf die Stichprobe gilt es zu erwähnen, dass die Teilnehmer mindestens das
18. Lebensjahr abgeschlossen haben, psychisch gesund, in Deutschland gemeldet als auch
berufstätig als Unternehmensberater oder Wirtschaftsprüfer sind. Sollten diese Vorrau-
setzungen nicht erfüllt sein, werden die erhobenen Daten als Ausreiser betrachtet, was so
viel bedeutet wie, dass diese gelöscht beziehungsweise nicht berücksichtigt werden. Dieses Vorgehen, welches zwar als Standard für die quantitativen Forschung gilt, wird jedoch
von vielen renommierten Forschern kritisiert. Es wird also angeraten die Ausreise, jenseits der eigentlich geplanten Erhebung, detaillierter zu betrachten, um zum Beispiel Be-
sonderheiten oder Begründungen für die Abnormität zu erhalten (Cortina et al., 2017,
S. 283; Henrich et al., 2010, 33). Die Akquise soll mittels einer Gelegenheitsstichprobe
vonstattengehen, wobei im Detail eine gezielte Einzelansprache von Unternehmen und
eine geplante Community-Ansprache, zur Nutzung von Netzwerkeffekten, durchgeführt
werden soll. Allerdings schränkt eine Gelegenheitsstichprobe im Vergleich zu einer Zufallsstichprobe auch die Aussagekraft einer Studie ein (Guest et al., 2020, 5). Die Begrün-
dung, weshalb dennoch keine Zufallsstichprobe erhoben wird, ist der fehlenden Zugäng-
lichkeit, den zeitlichen- als auch den finanziellen Ressourcen geschuldet. Um den Stichprobenumfang für die Masterthesis, also die genaue Anzahl an Erhebungen, zu berech-
nen, bietet es sich an, ein Onlinetool aus der oben abgebildeten Folie zu nutzen oder diesen mithilfe der Statistiksoftware G*Power zu ermitteln (Buchwald & Thielgen, 2009,

S. 1; Qualtrics, 2022, S. 1; Senyak et al., 2021, S. 1; Stodden, 2022, S. 1). Hierbei ist es vor allem wichtig, dass die Stichprobe nicht zu klein ist, da es sonst zu inkonsistenten und verzerrten Forschungsergebnissen kommen kann (Shen et al., 2011, S. 1055). Auch sollte die Stichprobe nicht zu groß sein, da ein Small-N-Design, laut einer Studie von Smith und Little, eine bessere Inferenzvalidität zur Folge hat (Smith & Little, 2018, S. 2083). Generell lässt sich auch das übliche Vorgehen der Stichprobenauswahl kritisieren. In der zukünftigen Masterthesis, wie auch bei einem Großteil aller quantitativen Arbeiten, wird die Stichprobe aus der Theorie abgeleitet. Dieses vorgehen wird zum Beispiel von den Autoren Griece et al. bemängelt, da ein umgekehrtes Vorgehen, d.h. die Theorie wird aus der erhobenen Stichprobe abgeleitet, einen genaueren und realitätsnäheren Rückschluss ermöglichen kann (Grice et al., 2017, S. 17).

2.3. Datenanalyse

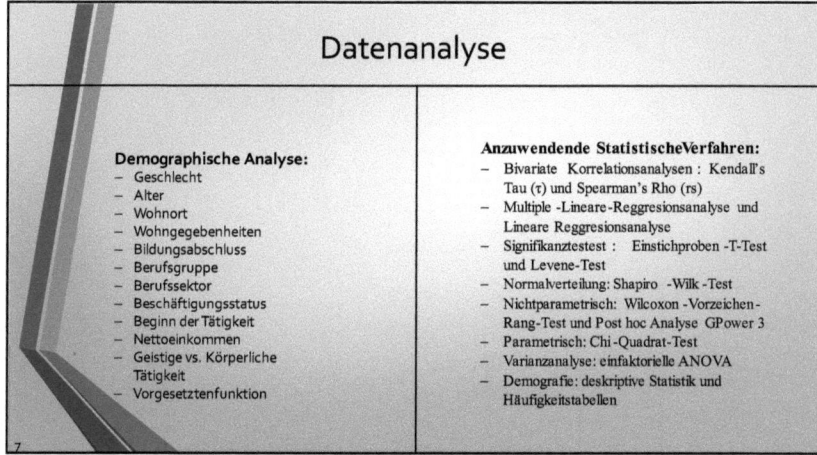

Abbildung 6: Die Datenanalyse (Dilchert, 2021; Kuckartz et al., 2013)

Eine weitere und finale Thematik des ersten Kapitels der Präsentationsunterlage beschränkt sich auf die Datenanalyse. Hierbei ist, neben der Anwendung von deskriptiver Statistik und Häufigkeitstabellen, eine Untersuchung von Zusammenhängen mittels linearer als auch multipler Regressionsmodellen angedacht (Kuckartz et al., 2013, S. 259ff.). Es wäre in Bezug zu den Hypothesen auch der Einsatz von anderen statistischen Verfahren wie zum Beispiel Korrelationsanalysen, T-Statistiken oder Anova denkbar, da diese ebenfalls auf dem allgemeinen linearen Model (ALM) beruhen (Andres, 1996, S. 185–200; Krampen, 2019a, S. 1). Es ist daher, unabhängig von der Auswahl des statischen Verfahrens, vor allem die Effektstärke relevant. Die Effektstärke gibt an, um wie viele

Standardabweichungen zwei Mittelwerte voneinander abweichen, d.h. sie ist die Differenz zweier Gruppenmittelwerte geteilt durch die Standardabweichung. S.5 Dokument Effektstärke. In Bezug auf die Masterthesis wird deshalb diese nach Cohen bemessen, was bedeutet, dass .01 einer kleinen-, .03 einer mittleren- und .05 einer großen Effektstärke entspricht (Hartwig & Bock, 2018, S. 5; Sullivan, 2008, S. 2–7). Dies ist begründet, da es sich um kein persönlichkeitspsychologiebezogenes Forschungsprojekt handelt und demzufolge .01 für eine kleine-, .02 für eine mittlere und .03 für eine große Effektstärke nicht ausreicht (Gignac & Szodorai, 2016, S. 74–78).

3. Kritische Diskussion der Methode

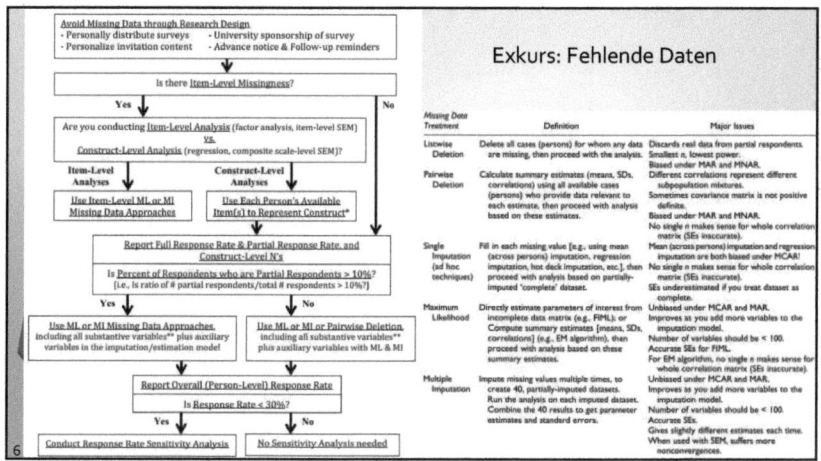

Abbildung 7: Der Umgang mit fehlenden Daten (Newman, 2014, 374 & 378)

Eine der häufigsten Probleme bei quantitativen Fragebogenstudien, egal ob online oder offline, ist das Fehlen von Daten (Albers et al., 2009, S. 119; Kreutzmann & Rendtl, 2019, S. 1). Da die meisten Methoden zur Datenanalyse jedoch für Datensätze ohne fehlende Werte entwickelt wurden und dieses Thema in der Empirie oftmals keinen hohen Stellenwert bekommt, kann dies zu erheblichen Problemen führen (Rohrschneider, 2007, S. 1). Ein falscher Umgang mit fehlenden Daten kann daher die Ergebnisse der gesamten Erhebung verzerren (Preising et al., 2021, S. 40). Wie also sollte man mit diesem Sachverhalt umgehen? Ein konkretes Vorgehen in dieser Situation hat zum Beispiel der Autor Newman herausgearbeitet. Dieses konkrete Vorgehen in Form eines Entscheidungsbaumes sowie einer Tabelle bezüglich der Löschung von Daten, falls sich dies nicht vermeiden lässt, ist in der oben abgebildeten Folie ersichtlich (Newman, 2014, 374 & 378). Eine weitere triviale Herausforderung bei quantitativen Forschungsmethoden ist der Einsatz von Kontrollvariablen (Bernerth & Aguinis, 2016, S. 229). Hierfür sollte zunächst ein Blick auf die nachfolgende Abbildung geworfen werden.

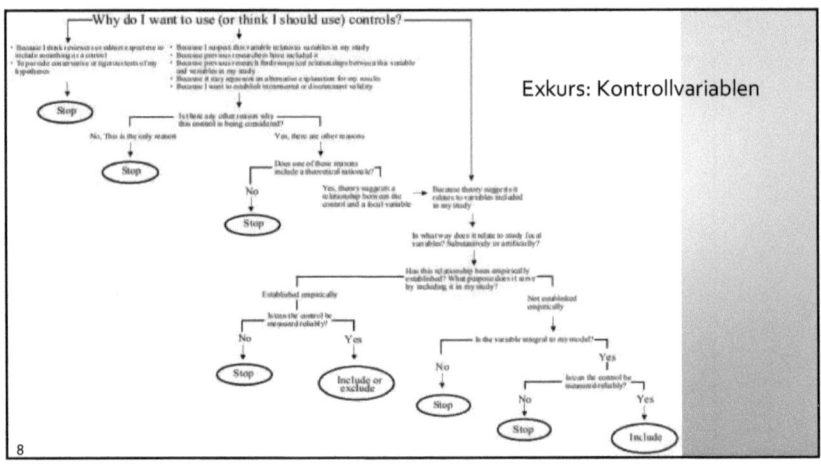

Abbildung 8: Kontrollvariablen (Bernerth & Aguinis, 2016, S. 273)

In dieser Folie lässt sich anhand eines Entscheidungsbaumes der sinnvolle Einsatz von Kontrollvariablen ableiten. Generell sind Kontrollvariablen typisch für angewandte Psychologie und höchstrelevant. Die Einbeziehung oder der Ausschluss von Kontrollvariablen hat wichtige Implikationen für Theorie und Praxis, da solche Entscheidungen substanzielle Studienergebnisse verändern sowie die Fähigkeit, die Ergebnisse einer Studie zu replizieren, zu erweitern und zu verallgemeinern können (Bernerth & Aguinis, 2016, S. 230; Wagner, 1992, S. 87ff.). Auch in Bezug auf die Masterthesis ist der Einsatz einer Kontrollvariable für die erste Hypothese aus der Abbildung eins geplant. Zudem ist der Einsatz und die Analyse anhand von Nullhypothesen in der hier beschrieben Masterthesis geplant. Infolge dessen lautet die Nullhypothese zur ersten Hypothese aus Abbildung eins wie folgt: Die wahrgenommene Bedrohung durch die technologische Arbeitslosigkeit steht in einem Zusammenhang mit der Befürchtung den Arbeitsplatz aufgrund des technologischen Fortschritts in der Consulting Branche zu verlieren. Für die zweite Hypothese wiederum lautet die formulierte Nullhypothese: Die wahrgenommene Bedrohung durch die technologische Arbeitslosigkeit hängt nicht mit der Kompetenzeinschätzung und dem Bildungsabschluss des Unternehmensberaters zusammen. Und auch für die dritte Hypothese aus der Abbildung 1 wurde eine Nullhypothese entworfen. Diese besagt, dass zwischen den Consultants, welche bereits mit KI-bedingter Automation von Tätigkeiten im Arbeitsalltag Erfahrungen sammeln konnten, eine positive Korrelation mit dem psychologischen Konstrukt der wahrgenommenen Bedrohung durch die technologische Arbeitslosigkeit besteht. Dieser Effekt wird durch die positiv wahrgenommenen KIbedingten Automation von Tätigkeiten moderiert, d. h. je positiver die Wahrnehmung desto negativer der Zusammenhang. Begründen lässt sich dieser Einsatz von Nullhypothesen wegen der Signifikanz der Studie, da diese durch die Nullhypothesentest gewährleistet werden kann (Bender & Lange, 2007, 15; Hartwig & Bock, 2018, S. 4). Dennoch wird auch dieser Ansatz von vielen Forschern kritisiert, da das Ausmaß des angesprochenen Effekts möglicherweise nicht immer theoretisch oder praktisch aussagekräftig sein muss (Grice et al., 2017, 2 & 11). Trotz alledem handelt es sich bei Nullhypothesensignifikanztest um ein standardisiertes Analyseverfahren, weshalb es auch trotz der Kritik angewandt werden soll.

Nachdem die ganzen theoretischen- und methodischen Aspekte in den bisherigen Kapiteln diskutiert wurden, folgt nun final noch eine kritische Zusammenfassung der quantitativen Fragebogenstudie im Allgemeinen.

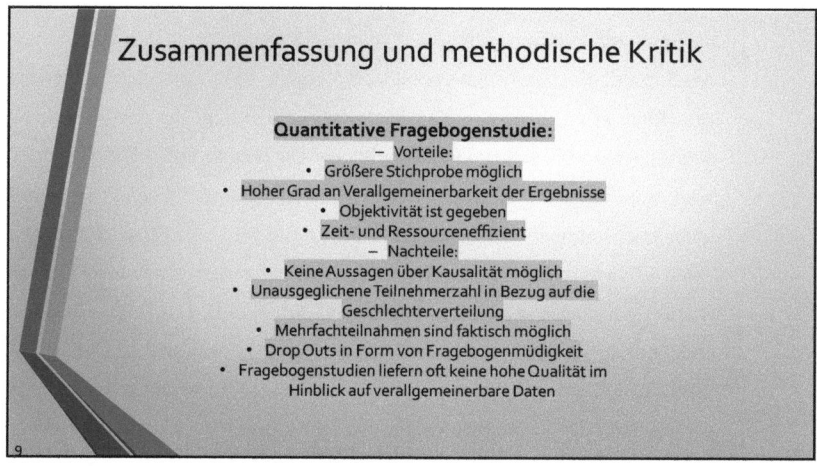

Abbildung 9: Kritische Diskussion der beschriebenen Forschungsmethode (Albers, 2007; Boynton & Greenhalgh, 2004; Döring et al., 2016; Ebermann, 2010; Frick et al., 2001; Markard, 1993; Rammstedt, 2004; Reips et al., 2016; Reips, 2021)

Resultierend aus dieser Folie lässt sich also festhalten, dass eine quantitative Fragebogenstudie eine größere Stichprobe ermöglichen kann als beispielsweise ein qualitativer Forschungsansatz. Des Weiteren ist die Objektivität als Gütekriterium vollumfänglich gegeben und die Durchführung ist zeit- und ressourceneffizient (Albers, 2007, S. 4ff.; Döring et al., 2016, S. 143ff.; Rammstedt, 2004, S. 2–4). Auch wird in quantitativen Fragebogenstudien ein hoher Grad an Verallgemeinerbarkeit beziehungsweise Generalisierbarkeit der Ergebnisse aufgrund der Gegebenheit einer Zufallsstichprobe zugeschrieben

(Mayring, 2007b, S. 2; Wolf, 2008, S. 9). Da es sich bei dieser Masterthesis jedoch um eine Gelegenheitsstichprobe handelt, ist dieser Punkt als eingeschränkt zu betrachten. Weiterhin wird dieser Vorteil auch von vielen Forschern kritisiert. Fragebogenstudien liefern oft auch also keine hohe Qualität verallgemeinerbare Daten, was zumeist auf die fehlerhafte Validierung, schlechte Formulierung und/oder die mangelnde Erklärung des Designs zurückzuführen ist (Boynton & Greenhalgh, 2004, S. 1315; Markard, 1993, S. 29–48). Diese Punkte wiederum wurden in dem deepR-Fragebogen jedoch berücksichtigt und unter anderen durch den Vignetteneinsatz ausgemerzt. Ein weiterer Kritikpunkt ist die zumeist unausgeglichene Teilnehmeranzahl in Bezug auf die Geschlechterverteilung (Ebermann, 2010, S. 1). Zudem sind auch Mehrfachteilnahmen faktisch möglich und stellen ein erhebliches Problem für die quantitative Forschung dar. Diesem Problem kann jedoch mithilfe von einem Vergleich der IP-Adressen, durch das Sammeln von Personenidentifikationsmerkmalen, durch die Überprüfung der internen Konsistenz sowie der Datums- und Zeitkonsistenz der Antworten als auch durch den Einsatz von Techniken wie Subsampling, Teilnehmerpools oder Vergabe von Passwörtern entgegengewirkt werden (Reips et al., 2016, S. 142f.). Da es bei der Umfrage des deepR-Forschungsprojekts allerdings keine finanzielle Prämie gibt, was der Hauptgrund für Mehrfachteilnahmen ist, wird es bei diesem Fragebogen mit sehr hoher Wahrscheinlichkeit zu keinen Mehrfachteilnahmen kommen (Chhen, 2020, S. 51ff.). Ein weiterer kritischer Punkt bei quantitativen Umfragen ist die Fragebogenmüdigkeit im Allgemein als auch im Prozess der Durchführung, falls diese zu lang ist (Frick et al., 2001, S. 210–218; Reips, 2021, S. 207f.). Man spricht daher von einer optimalen Umfragedauer von maximal 15 Minuten (Rogator AG, 2019, S. 1). Da der hier beschrieben Fragebogen 10-15 Minuten dauert, liegt er daher in der Norm und sollte der allgemeinen und im Prozess stattfindenden Fragebogenmüdigkeit entgegenwirken. Ein weiterer nicht zu verachtender Punkt ist, dass bei quantitativen Forschungsmethoden keine Aussage über Kausalität zulässig ist (Döring et al., 2016, S. 700; Kelle, 2008, S. 181ff.). Es bietet sich lediglich eine Annäherung an die Kausalität mittels des Einsatzes von moderierenden und mediierenden Variablen an. Der Mediator ist eine dritte Variable, welche von den unabhängigen Variablen beeinflusst wird und wiederum die abhängige Variable beeinflusst. Der Moderator ist eine dritte Variable, welche die Stärke der Wirkung von den unabhängigen Variablen auf die abhängige Variable beeinflusst. Dennoch lässt sich auch mit diesen Variablen kein Kausalzusammenhang bewerkstelligen (Baron & Kenny, 1986, S. 1173–1182; Natter, 2019, S. 5ff.; Regorz, 2019, S. 1). In der hier beschrieben Masterthesis wird im Übrigen auch bei der dritten Hypothese, wie in Abbildung eins ersichtlich, eine moderierende Variable verwendet. Der letzte

Kritikpunkt in Bezug auf diese hier angesprochene quantitative Onlineumfrage bezieht sich auf die verwendete siebenstellige Likertskala. Diese verwendete Bewertungsskala hat den Vorteil, dass diese, neben den Grad der Ablehnung und Zustimmung, sich ideal für ein Großteil der statischen Verfahren im Hinblick auf die Datenanalyse eigenen (Borg & Gabler, 2002, S. 7). Jedoch bemängeln viele Forscher diese Art der Skala. Aufgrund dessen empfehlen viele Forscher stattdessen den Einsatz von Ratingskalas, BARS oder MFC Blöcken, da diese die erhobenen Daten noch detaillierter widerspiegeln (Wetzel & Greiff, 2018, S. 1–5). Doch was, wenn trotz der Beachtung all dieser Faktoren kein Ergebnis bei der quantitativen Forschungsmethode zustande kommt? Dieser „Publication Bias" beziehungsweise diese Denkweise, dass kein Befund auch keinem Ergebnis entspricht ist einer den trivialsten Problemen in allen Forschungsbereichen. Es ist daher genauso relevant eine Studie zu publizieren die keine Ergebnisse liefern konnte, wie eine Studie die mit positiven und replizierbaren Resultaten einhergeht (Hartig, 2017, S. 1–5; Menger & Vollmar, 2000, S. 1129f.).

4. Abgrenzung zu anderen Forschungsmethoden

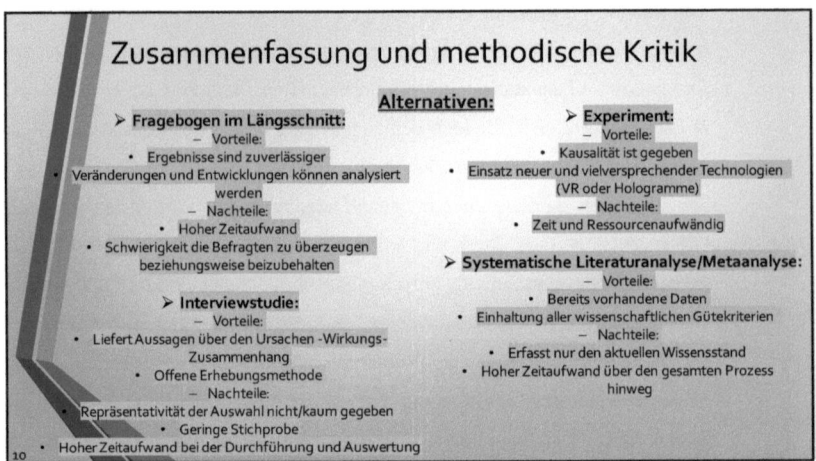

Abbildung 10: Abgrenzung zu anderen Forschungsmethoden (Axhausen et al., 2014; Baumgarth et al., 2009; Blettner et al., 1997; Cipresso & Immekus, 2017; Eden, 2017; Foltz et al., 2000; Hodgkinson & Ford, 2014; Jungjohann et al., 2018; Kaiser, 2017; Kelle, 2003; Keuschnigg & Wolbring, 2015; Mayring, 2007b; Meulemann, 2021; Mey & Mruck, 2010; Moosbrugger & Kelava, 2012; Swales, 2009; Wolf, 2008)

In diesem letzten Kapitel des Hauptteils der schriftlichen Präsentationsunterlage geht es um die kritische Abgrenzung und Gegenüberstellung der verschiedenen Forschungsmethoden im Allgemeinen und unter Anbetracht der vorgestellten Masterthesis. Angefangen bei einer Längsschnittfragebogenerhebung lässt sich zum Beispiel festhalten, dass die Ergebnisse, beispielsweise im Hinblick auf die Reliabilität, zuverlässiger sind (Jungjohann et al., 2018, S. 8ff.; Moosbrugger & Kelava, 2012, S. 201ff.). Eine Längsschnitterhebung wäre daher beim deepR-Forschungsprojekt aus dem wissenschaftlichen Blickwinkel sinnvoll, jedoch wäre dies nur über eine Pseudoanonymisierung durch Zuordnung von Benutzernamen möglich, was wiederum von Anfang an geplant sein müsste (Pöge, 2005, S. 51). Weiterhin können bei einer Längsschnitterhebung auch Veränderungen und Entwicklung durch den Zeitverlauf besser analysiert werden (Jungjohann et al., 2018, S. 1). Dies wäre im Hinblick auf das aktuelle Thema „KI-bedingte Automation von Tätigkeiten" sogar vom Vorteil, da sich dieses aktuelle Themenfeld sehr schnell verändert und entwickelt (Giering, 2021, S. 1). Doch warum wird dieses oder allgemein die meisten Forschungsprojekt(e) nicht als eine Längsschnitterhebung geplant? Dies lässt sich begründen, da eine Längsschnitterhebung einen deutlich höheren Zeitaufwand in Anspruch nimmt (Foltz et al., 2000, S. 10; Kaiser, 2017, S. 9). Des Weiteren ist es eine fast unmöglich zu bewältigende Herausforderung die erstmalig Befragten erneut zu dieser Umfrage zu ermutigen und ohne das diese zwischen den Abständen der geplanten Umfragen bereits abbrechen (Meulemann, 2021, S. 233ff.; Mey & Mruck, 2010, S. 290f.). Sollte dies aber gelingen kann es dennoch zu Verzerrungen aufgrund der identischen Fragebogen kommen, was dazu führt das die gleichen Antworten erneut abgegeben werden. Der Abstand der Erhebung sollte daher nicht zu kurz sein (Pöge, 2005, S. 68).

Eine weitere Alternative zu dem gewählten quantitativen Forschungsansatz ist ein qualitativer Forschungsansatz. Die Durchführung einer quantitativer Sozialforschung unterscheidet sich auch nicht nur in der Verwendung der Methoden des Datengewinns und in den verschiedenen Verfahren der Datenauswertung, sondern in einem noch grundsätzlicheren Aspekt in der Strategie der Forschungsdurchführung (Wichmann, 2019, S. 3; Witt, 2001, S. 1). Ein entscheidender Vorteil dieser Methode ist es daher, dass diese Methode genauere Aussagen über den Ursachen-Wirkungs-Zusammenhang liefert (Kelle, 2003, S. 232–246; Wolf, 2008, S. 53). Weiterhin handelt es sich bei qualitativen Forschungsmethoden um eine offene Erhebungsmethode, was so viel bedeutet wie, dass sich Missverständnisse leicht beseitigen lassen und flexibel auch neue Fragen oder thematische Aspekte flexibel miteinbezogen werden können (Wolf, 2008, S. 22ff.). Zudem besteht bei qualitativen Forschungsmethoden die Möglichkeit den Einsatz von Wertschätzung zu nutzen, was bei quantitativen Methoden wiederum nicht möglich ist (Meyer et al., 2012, S. 510–515). Auf der anderen Seite der Medaille sind bei qualitativen Interviews die Repräsentativität der Auswahl nicht beziehungsweise nur kaum gegeben (Wolf, 2008, S. 27). Des Weiteren ist nur eine Erhebung einer geringen Stichprobe bei hohem Zeitaufwand im Hinblick auf Durchführung und Auswertung möglich. Zu alledem ist ein Nachteil dieser Methode, dass im Vergleich zu quantitativen Forschungsansätzen deutlich weniger Objektivität gegeben ist, was zur Folge hat, dass keine Kontrolle der äußeren Bedingungen, Beseitigung der Störfaktoren und/oder Elimination der Subjektivität möglich ist (Wolf, 2008, 32 & 43). Auch spielt bei qualitativen Forschungsansätzen die Verallgemeinerbarkeit der Ergebnisse keine Rolle beziehungsweise hat keinen Stellenwert, was im Vergleich zu den quantitativen Forschungsansätzen höchstrelevant ist (Mayring, 2007b, S. 3f.; Wolf, 2008, S. 9). In Bezug auf die Masterthesis und vor allem das deepR-Forschungsprojekt gibt es daher zu sagen, dass sich dieser Forschungsansatz nur in den Frühphasen eignet. Wie bereits erwähnt wurde dies auch gemacht und ist daher methodenkritisch im Hinblick auf das deepR-Projekt nicht anzukreiden.

Eine weitere Forschungsmethode ist das Experiment. Hier ist ein klar zuzuschreibender Vorteil die Gegebenheit von Kausalität (Eden, 2017, S. 95; Keuschnigg & Wolbring, 2015, S. 39ff.). Im Rahmen eines Experimentes lassen sich auch flexibel in der Planung neue und vielversprechende Technologien einsetzen. Ein Beispiel hierfür, neben Technologien wie Eyetracking, sind Virtual Reality (VR) oder auch Hologramme (Cipresso & Immekus, 2017, S. 4). Es könnten weiterhin im Hinblick auf das deepR-Forschungsprojekt qualitative Zukunftsworkshops zum Einsatz kommen. Diese hätten den Vorteil, die verwendeten prospektiven Items zu hinterfragen, zu bestätigen oder zu verwerfen (Hilbig, 2020, S. 179f.). Auch wäre die Manipulation von den am Anfang des quantitativen Interviews Vignetten denkbar, indem man beispielsweise einer bestimmten Personengruppe die positiven- und einer anderen Gruppe die negativen Aspekte von KI-bedingter Automation von Tätigkeiten näherbringt. Eine solche experimentelle Manipulation der Vignetten hätte daher den Vorteil, dass dadurch die Validität deutlich erhöht wird (Krüger, 2014, S. 213f.; Kunz & Linder, 2011, S. 211ff.). Jenseits der genannten Vorteile hat diese Forschungsmethode allerdings auch Nachteile. Ein trivialer Nachteil ist zum Beispiel der extrem hohe Zeit- und Ressourcenaufwand (Axhausen et al., 2014, S. 6). Jedoch kann man diese Aussage nicht auf alle Varianten von Experimenten übertragen. Der Einsatz von VR in der Psychologie wird unter anderen als ein unglaublich kostengünstiges Werkzeug zum Sammeln von Daten und zum Erstellen realistischer Situationen beschrieben, welches unter anderem für klinische, experimentelle und soziale Umgebungen verwendet werden könnte (Cipresso & Immekus, 2017, 1 & 4f.). In Bezug auf das deepR-Forschungsprojekt sind allerdings keine Experimente geplant und im Hinblick auf die Masterthesis definitiv zu umfangreich und kostenintensiv. Es könnten jedoch auch in Zukunft noch Experimente im Rahmen des deepR-Projekts geplant und umgesetzt werden, da ein Experiment sich auch idealtypisch nach einer quantitativen Forschungsmethode anbietet (Mayring, 2007a, S. 1–10).

Die letzte noch anzusprechende Forschungsmethode in Reinform ist die Metaanalyse oder auch die systematische Literaturanalyse, welche allerdings aus wissenschaftlicher Sicht nicht so aussagekräftig wie die erstgenannte Methode ist (Hodgkinson & Ford, 2014, 3). Der Vorteil dieser Forschungsmethode ist hierbei, dass die Daten für die Analyse bereits vorhanden sind und nicht erst erhoben werden müssen (Baumgarth et al., 2009, S. 433ff.). Weiterhin können die wissenschaftlichen Gütekriterien (fast) komplett, durch den Aufbau, die Struktur, die Vorgehensweise und die Transparenz, gewährleistet werden (Hodgkinson & Ford, 2014, 1-5). Besonders gut eignet sich diese

Forschungsmethode auch in den Anfangsphasen eines Forschungsprojektes, da durch diese Methoden ein einheitliches und gegebenenfalls generalisierbares Verständnis von Thematiken und Sachverhalten gewährleistet werden kann (Swales, 2009, S. 5ff.). Im Hinblick auf das deepR-Forschungsprojekt wäre es daher sinnvoll gewesen neben den qualitativen Interviews zum Beispiel das Thema KI zu definieren oder den aktuellen Stand von KI-bedingter Automation von Tätigkeiten genaustens durch diese Methode zu ermitteln. Doch auch diese Forschungsmethode hat ihre Grenzen. Sie erfasst beispielsweise nur den aktuellen Wissensstand und richtet sich demzufolge nicht an der Zukunft aus (Blettner et al., 1997, S. 95ff.). Auch erfordert eine Metanalyse einen extrem hohen Zeitaufwand über den gesamten Prozess hinweg und es entstehen nicht zu verachtende Kosten falls man beispielsweise Fachbücher oder kostenpflichtige Datenbanken miteinbezieht, was allerdings im Vergleich zu einem Experiment zumeist günstiger abschneidet (Müller-Hartburg, 2006, S. 5).

Zuletzt sollte in diesem Kapitel der Präsentationsunterlage noch der aktuelle Aspekt der Mixed Methods erwähnt werden. Unter Mixed Methods versteht man die Kombination mehrerer Methoden aus qualitativer und quantitativer Forschung. Diese Kombination erfolgt üblicherweise innerhalb einer Forschung beziehungsweise eines Forschungsprojektes. Der Ansatz wird angewendet, um über die Kombination beider Verfahren das Forschungsziel bestmöglich zu erreichen (Grünwald, 2021, S. 1). Trotzdem dieser Ansatz und die dahinterstehende Forschungsmethode sehr vielversprechend ist, wird er immer sehr kritisiert (Döring et al., 2016, S. 73; Grice et al., 2017, S. 53). Beispiele für die Mixed Methods sind schriftliche Befragungen mit Fragebogen (online und offline) und Interviewstudien oder eine Kombination von anfänglich qualitativen Forschungsmethoden sowie nachfolgend quantitativen Forschungsmethoden bis hin zu Experimenten (Lehnen, 2017, S. 74; Mayring, 2007b, S. 4). In Bezug auf das deepR-Forschungsprojekt wäre daher eine mögliche Variante mit der Metaanalyse und den qualitativen Interviews anzufangen, mit den quantitativen Fragebogenstudien weiterzumachen sowie zukünftig Experimente durchzuführen, um beispielsweise ein Maximum an Kausalität gewährleisten zu können. Bei der beschriebenen Masterthesis wiederum würde dieser kombinierte Ansatz den Rahmen im Hinblick auf den vorgegeben Seitenumfang und vor allem den Durchführungsaufwand sprengen.

5. Methodisches Fazit

In dieser finalen Zusammenfassung der schriftlichen Präsentationsunterlage soll es zunächst um das Zusammentragen der Erkenntnisse gehen. Um daher die Frage, „Welche Folgen hat der Wandel für die Forschung und wie sind die Folgen zu bewerten?", beantworten zu können, sollte zunächst nochmal die aktuelle Kritik an den neuen Forschungsansätzen und Forschungsmethoden hervorgehoben werden (Döring et al., 2016, S. 73; Grice et al., 2017, S. 53). Eine Tatsache, trotz der vielen Kritiker, ist die ständige Weiterentwicklung der Technologien und somit auch der Forschung (Engel et al., 2021, S. 3ff.). Und auch wenn diese Technologien zwar noch deutlich weiterentwickelt werden müssen, bieten diese eine große Bandbreite an Chancen (Rapp, 2021, S. 255–261). Daher sollte an dieser Stelle auch an die künftige Forschung appelliert werden, bestehende Forschungsstandards in Frage zu stellen und kritisch zu reflektieren. Im Hinblick auf das deepR-Forschungsprojekt lässt sich daher festhalten, dass die bisher gewählten Forschungsmethoden und Forschungsansätze nahezu perfekt ausgewählt wurden, da es zum Beispiel immer noch Spielraum für eventuelle Experimente gibt. Dies betrifft auch die künftig umzusetzende Masterthesis unter der Einhaltung der hier angesprochenen Standards und Grenzen der quantitativen Forschungsmethode. Jenseits des angesprochenen Projekts und der darin enthaltenden Masterthesis lassen sich noch die Erkenntnisse dieser schriftlichen Präsentationunterlage praktisch implizieren. Diese hier niedergeschriebene Literatur lässt sich beispielsweise als Leitfaden für die Erstellung einer quantitativen Forschungsarbeit nutzbar machen. Des Weiteren kann, resultierend aus der Abgrenzung und kritischen Gegenüberstellung der verschiedenen Forschungsmethoden, vor Beginn einer empirischen Arbeit beziehungsweise eines empirischen Forschungsprojekts diese schriftliche Präsentationsunterlage als Abwägung für die geplante Forschungsmethode herangezogen werden. In Bezug auf die Arbeitswelt kann beispielsweise diese literarische Arbeit auch als Unterstützung für eine, aus wissenschaftlicher Sicht sinnvolle, Mitarbeiterbefragung fungieren.

Alles in allem lässt sich dieses heikle und zukunftsorientierte Thema nicht pauschal beantworten. Um es in den Worten von Alan Kay zu beschreiben: „Die Zukunft kann man am besten voraussagen, wenn man sie selbst gestaltet." (Kay, 2022, S. 1). In diesem Sinne kann nur gehofft werden, dass sich die Wissenschaft genauso positiv weiterentwickelt, wie sie es derzeit, durch viele Hinterfragungen und kritisch-fundierte Studienbelege, tut.

6. Literaturverzeichnis

Albers, S. (2007). SpringerLink Bücher. Methodik der empirischen Forschung (D. Klapper, U. Konradt, A. Walter & J. Wolf, Hg.). Gabler. https://doi.org/10.1007/978-3-8349-9121-8

Albers, S., Klapper, D., Konradt, U., Walter, A. & Wolf, J. (2009). Springer eBook Collection Business and Economics. Methodik der empirischen Forschung. Gabler Verlag. https://doi.org/10.1007/978-3-322-96406-9

Andres, J. (1996). Das allgemeine lineare Modell. https://madoc.bib.uni-mannheim.de/50948/1/hqm15-das-allgemeine-lineare-modell.pdf

Axhausen, K. W., Ehreke, I., Glemser, A., Hess, S., Jödden, C., Nagel, K., Sauer, A. & Weis, C. (2014). Ermittlung von Bewertungsansätzen für Reisezeiten und Zuverlässigkeit auf Basis der Schätzung eines Modells für modale Verlagerungen im nicht-gewerblichen und gewerblichen Personenverkehr für die Bundesverkehrswegeplanung. https://www.research-collection.ethz.ch/bitstream/handle/20.500.11850/89615/ab1028.pdf

Baron, R. M. & Kenny, D. A. (1986). The moderator–mediator variable distinction in social psychological research: Conceptual, strategic, and statistical considerations. Journal of Personality and Social Psychology, 51(6), 1173–1182. https://doi.org/10.1037/0022-3514.51.6.1173

Baumgarth, C., Eisend, M. & Evanschitzky, H. (Hrsg.). (2009). Empirische Mastertechniken: Eine anwendungsorientierte Einführung für die Marketing- und Managementforschung (1. Auflage). Gabler. https://ebookcentral.proquest.com/lib/kxp/detail.action?docID=5719208

Bender, R. & Lange, S. (2007). Was ist der p-Wert? [What is the p-value?]. Deutsche medizinische Wochenschrift (1946), 132 Suppl 1, e15-6. https://doi.org/10.1055/s-2007-959030

Berger, R. & Wolbring, T. (2015). Kontrafaktische Kausalität und eine Typologie sozialwissenschaftlicher Experimente. In M. Keuschnigg & T. Wolbring (Hrsg.), Soziale Welt / Sonderband: Bd. 22. Experimente in den Sozialwissenschaften (S. 39–57). Nomos Verl.-Ges. https://doi.org/10.5771/9783845260433-39

Bernerth, J. B. & Aguinis, H. (2016). A Critical Review and Best-Practice Recommendations for Control Variable Usage. Personnel Psychology, 69(1), 229–283. https://doi.org/10.1111/peps.12103

Blettner, M., Schlehofer, B. & Sauerbrei, W. (1997). Grenzen von Metaanalysen aus publizierten Daten bei epidemiologischen Fragestellungen [Limitations of meta-analysis from published data in epidemiological research]. Sozial- und Praventivmedizin, 42(2), 95–104. https://doi.org/10.1007/BF01318138

Borg, I. & Gabler, S. (2002). Zustimmungsanteile und Mittelwerte von Liker-skalierten Items. ZUMA Nachrichten, 26(50), 7–25. https://www.ssoar.info/ssoar/bitstream/document/20788/1/ssoar-zuma-2002-50-borg_et_al-zustimmungsanteile_und_mittelwerte_von_liker-skalierten.pdf

Boynton, P. M. & Greenhalgh, T. (2004). Selecting, designing, and developing your questionnaire. BMJ (Clinical research ed.), 328(7451), 1312–1315. https://doi.org/10.1136/bmj.328.7451.1312

Buchwald, F. & Thielgen, M. (2009). EDV-Tutorium Psychologie. SPSS/PASW, G*Power und mehr. http://psychotutorium.wordpress.com/

Chhen, J. (2020). Loyalitätsprogramme im digitalen Wandel: Eine empirische Analyse zu Mobile Loyalty Apps aus Konsumentensicht. Springer eBooks Business and Economics. Springer Gabler. https://doi.org/10.1007/978-3-658-28404-6

Cipresso, P. & Immekus, J. C. (2017). Back to the Future of Quantitative Psychology and Measurement: Psychometrics in the Twenty-First Century. Frontiers in psychology, 8. https://doi.org/10.3389/fpsyg.2017.02099

Cortina, J. M., Aguinis, H. & DeShon, R. P. (2017). Twilight of dawn or of evening? A century of research methods in the Journal of Applied Psychology. Journal of Applied Psychology, 102(3), 274–290. https://doi.org/10.1037/apl0000163

Dilchert, N. (2021). Identifikation relevanter psychologischer.

Döring, N., Bortz, J. & Pöschl-Günther, S. (2016). Forschungsmethoden und Evaluation in den Sozial- und Humanwissenschaften (5. Aufl.). SpringerLink Bücher. Springer. http://link.springer.com/book/10.1007/978-3-642-41089-5 https://doi.org/10.1007/978-3-642-41089-5

Ebermann, E. (2010, 18. Juni). Grundlagen statistischer Auswertungsverfahren. Institut für Kultur- und Sozialanthropologie. https://www.univie.ac.at/ksa/elearning/cp/quantitative/quantitative-full.html

Eden, D. (2017). Field Experiments in Organizations. Annual Review of Organizational Psychology and Organizational Behavior, 4(1), 91–122. https://doi.org/10.1146/annurev-orgpsych-041015-062400

Engel, J., Epp, A., Lipkina, J., Schinkel, S., Terhart, H. & Wischmann, A. (2021). Gesellschaftlicher Wandel und die Entwicklung qualitativer Forschung im Feld der Bildung. Methodologische Wagnisse, diskursive Verschiebungen und ... https://elibrary.utb.de/doi/pdf/10.3224/zqf.v22i1.01

Foltz, C., Reuth, R. & Miehling, H. (2000). Verteiltes Arbeiten - Arbeit der Zukunft: Tagungsband der Deutschen Fachtagung zu Computer-Supported Cooperative Work ; [gemeinsame Fachtagung zum Thema Rechnergestützte Gruppenarbeit (Computer-Supported Cooperative Work - CSCW) der Gesellschaft für Informatik (GI), des German Chapter of the ACM und der Technischen Universität München vom 11. bis 13. September in München (1. Aufl.). Berichte des German Chapter of the ACM: Bd. 54. Teubner. https://dl.gi.de/handle/20.500.12116/3332

Frick, A., Bächtiger, M. T. & Reips, U.-D. (2001). Financial incentives, personal information and drop-out in online studies. https://www.researchgate.net/publication/290392761_Financial_incentives_personal_information_and_drop-out_in_online_studies

George, D. & Mallery, P. (2002). SPSS for Windows Step by Step: A Simple Guide and Reference (11. Aufl.). Routledge Member of the Taylor and Francis Group. https://www.zvab.com/9780205375523/SPSS-Windows-Step-Simple-Guide-0205375529/plp

Giering, O. (2021). Künstliche Intelligenz und Arbeit: Betrachtungen zwischen Prognose und betrieblicher Realität. Zeitschrift für Arbeitswissenschaft. Vorab-Onlinepublikation. https://doi.org/10.1007/s41449-021-00289-0

Gignac, G. E. & Szodorai, E. T. (2016). Effect size guidelines for individual differences researchers. Personality and Individual Differences, 102, 74–78. https://doi.org/10.1016/j.paid.2016.06.069

Grice, J., Barrett, P., Cota, L., Felix, C., Taylor, Z., Garner, S., Medellin, E. & Vest, A. (2017). Four Bad Habits of Modern Psychologists. Behavioral sciences (Basel, Switzerland), 7(3). https://doi.org/10.3390/bs7030053

Grünwald, R. (2021, 20. September). Mixed Methods Design: Studien professionell auswerten - Darauf sollten Sie achten! https://novustat.com/statistik-blog/mixed-methods-design-und-studien-professionell-auswerten.html

Guest, G., Namey, E. & Chen, M. (2020). A simple method to assess and report thematic saturation in qualitative research. PloS one, 15(5), e0232076. https://doi.org/10.1371/journal.pone.0232076

Häder, M. (2015). Empirische Sozialforschung: Eine Einführung (3. Aufl.). Springer e-Book Collection. Springer VS. https://doi.org/10.1007/978-3-531-19675-6

Hartig, K. (2017). Replizierbarkeit von Forschungsergebnissen: Eine Stellungnahme der Deutschen Forschungsgemeinschaft. https://www.dfg.de/download/pdf/dfg_im_profil/reden_stellungnahmen/2017/170425_stellungnahme_replizierbarkeit_forschungsergebnisse_de.pdf

Hartwig, B. J. & Bock, I. S. (2018). Effektstärke. Osteopathische Medizin, 19(4), 4–6. https://doi.org/10.1016/S1615-9071(18)30112-6

Henrich, J., Heine, S. J. & Norenzayan, A. (2010). The weirdest people in the world? The Behavioral and brain sciences, 33(2-3). https://doi.org/10.1017/S0140525X0999152X

Hilbig, H. (Hrsg.). (2020). Zukunftsmanagement für den Mittelstand: So bereiten Sie sich auf Marktveränderungen vor : ein Leitfaden für Krisenzeiten (2., überarbeitete und erweiterte Auflage). Springer Gabler. https://doi.org/10.1007/978-3-658-31246-6

Hodgkinson, G. P. & Ford, J. K. (2014). Narrative, meta-analytic, and systematic reviews: What are the differences and why do they matter? Journal of Organizational Behavior, 35(S1). https://doi.org/10.1002/job.1918

Humboldt-Universität zu Berlin. (2021, 19. Mai). deepR. Institut für Psychologie. https://www.psychologie.hu-berlin.de/de/prof/org/forschung/deepR

Jordan, J. S. & Turner, B. A. (2008). The Feasibility of Single-Item Measures for Organizational Justice. Measurement in Physical Education and Exercise Science, 12(4), 237–257. https://doi.org/10.1080/10913670802349790

Jungjohann, J., Schurig, M. & Gebhardt, M. (2018). Fachbeitrag: Pilotierung von Leseflüssigkeits- und Leseverständnistests zur Entwicklung von Instrumenten der Lernverlaufsdiagnostik. Ergebnisse einer Längsschnittstudie in der 3ten und 4ten Jahrgangsstufe. Vierteljahresschrift für Heilpädagogik und ihre Nachbargebiete. Vorab-Onlinepublikation. https://doi.org/10.2378/vhn2021.art12d

Kaiser, P. (2017). Wirkfaktoren für Qualität und Nachhaltigkeit von Mediation. Ergebnisse einer Längsschnittstudie zu gerichtlicher Mediation und allgemeine Implikationen. https://www.researchgate.net/profile/peter-kaiser-7/publication/318178842_wirkfaktoren_fur_qualitat_und_nachhaltigkeit_von_mediation/links/5f48ce85a6fdcc14c5d6f655/wirkfaktoren-fuer-qualitaet-und-nachhaltigkeit-von-mediation.pdf

Kay, A. (2022). Zukunftzitate - Top 100 Zitate und Sprüche über Zukunft - Zitate.net. http://zitate.net/zukunft-zitate

Kelle, U. (2003). Die Entwicklung kausaler Hypothesen in der qualitativen Sozialforschung. Zentralblatt für Didaktik der Mathematik, 35(6), 232–246. https://doi.org/10.1007/BF02656688

Kelle, U. (2008). Die Integration Qualitativer und Quantitativer Methoden in der Empirischen Sozialforschung: Theoretische Grundlagen und Methodologische Konzepte (2nd ed.). VS Verlag fur Sozialwissenschaften GmbH. https://ebookcentral.proquest.com/lib/kxp/detail.action?docID=749558

Keuschnigg, M. & Wolbring, T. (Hrsg.). (2015). Soziale Welt / Sonderband: Bd. 22. Experimente in den Sozialwissenschaften. Nomos Verl.-Ges. https://doi.org/10.5771/9783845260433

Krampen, D. (2019a). Allgemeines Lineares Modell im Dorsch Lexikon der Psychologie. https://dorsch.hogrefe.com/stichwort/allgemeines-lineares-modell

Krampen, D. (2019b). Testfairness im Dorsch Lexikon der Psychologie. https://dorsch.hogrefe.com/stichwort/testfairness

Kreutzmann, A.-K. & Rendtl, U. (2019, 27. August). Vom Umgang mit fehlenden Werten. https://wikis.fu-berlin.de/display/fustat/Vom+Umgang+mit+fehlenden+Werten

Krücken, G. (2006). Universitäre Forschung im Wandel. https://www.hof.uni-halle.de/publikation/die-hochschule-12006-universitare-forschung-im-wandel/

Krüger, D. (2014). Springer eBook Collection. Methoden in der naturwissenschaftsdidaktischen Forschung (I. Parchmann & H. Schecker, Hg.). Springer Spektrum. https://doi.org/10.1007/978-3-642-37827-0

Kuckartz, U., Rädiker, S., Ebert, T. & Schehl, J. (2013). Statistik: Eine verständliche Einführung (2. Aufl.). Springer eBook Collection. VS Verlag für Sozialwissenschaften. https://doi.org/10.1007/978-3-531-19890-3

Kunz, J. & Linder, S. (2011). ZP-Stichwort: Vignetten-Experiment. Zeitschrift für Planung & Unternehmenssteuerung, 21(2), 211–222. https://doi.org/10.1007/s00187-010-0105-4

Lehnen, J. (2017). Integration von Lead Usern in die Innovationspraxis: Eine empirische Analyse der praktischen Anwendung des Lead User-Ansatzes. SpringerLink Bücher. Springer Gabler. https://doi.org/10.1007/978-3-658-19385-0

Markard, M. (1993). Kann es in einer Psychologie vom Standpunkt des Subjekts verallgemeinerbare Aussagen geben. https://www.kritische-psychologie.de/files/fkp_31_morus_markard.pdf

Mayring, P. (2007a). Designs in qualitativ orientierter Forschung. Journal für Psychologie. https://journal-fuer-psychologie.de/article/view/127

Mayring, P. (2007b). Generalisierung in qualitativer Forschung (8. Aufl.). 26. https://www.qualitative-research.net/index.php/fqs/article/download/291/640/0

Menger, M. D. & Vollmar, B. (2000). Nichtveröffentlichung und Negativstudien. Bedeutung für die Meinungsbildung und Forschung [Non-publication and negative studies. Their significance for opinion formation and research]. Deutsche medizinische Wochenschrift (1946), 125(38), 1129–1130. https://doi.org/10.1055/s-2000-7572

Meulemann, H. (2021). Produktivität im „Reich der Freiheit": Freizeitbudgets im Alltag und im Alter (1. Aufl.). Springer eBook Collection. Springer Fachmedien Wiesbaden; Imprint Springer VS. https://doi.org/10.1007/978-3-658-34426-9

Mey, G. & Mruck, K. (Hrsg.). (2010). Handbuch Qualitative Forschung in der Psychologie (1. Auflage). VS Verlag. https://ebookcentral.proquest.com/lib/kxp/detail.action?docID=750313

Meyer, T., Karbach, U., Holmberg, C., Güthlin, C., Patzelt, C. & Stamer, M. (2012). Qualitative Studien in der Versorgungsforschung - Diskussionspapier, Teil 1:

Gegenstandsbestimmung [Qualitative research in health services research - discussion paper, Part 1: What is the idea?]. Gesundheitswesen (Bundesverband der Arzte des Offentlichen Gesundheitsdienstes (Germany), 74(8-9), 510–515. https://doi.org/10.1055/s-0032-1323693

Moosbrugger, H. & Kelava, A. (2012). Testtheorie und Fragebogenkonstruktion (2. Aufl.). SpringerLink Bücher. Springer Berlin Heidelberg. https://doi.org/10.1007/978-3-642-20072-4

Müller-Hartburg, M. (2006). Eine Metaanalyse der diagnostischen Möglichkeiten des Bruxismus. https://repositorium.meduniwien.ac.at/obvumwhs/content/titleinfo/3620062/full.pdf

Natter, M. (2019, Oktober). Leitfaden Abschlussarbeiten. https://www.business.uzh.ch/dam/jcr:b3993e64-dfa1-4f37-b9e8-18a29da3fa5d/How%20to%20write%20your%20thesis_Chair%20Prof.%20Natter_03Oct2019.pdf

Newman, D. A. (2014). Missing Data. Organizational Research Methods, 17(4), 372–411. https://doi.org/10.1177/1094428114548590

Pöge, A. (2005). Persönliche Codes bei Längsschnittstudien: ein Erfahrungsbericht. ZA-Information / Zentralarchiv für Empirische Sozialforschung(56), 50–69. https://www.ssoar.info/ssoar/bitstream/document/19853/1/ssoar-zarchiv-2005-56-poge-personliche_codes_bei_langsschnittstudien.pdf

Preising, M., Lange, K. & Dumpert, F. (2021). Imputation zur maschinellen Behandlung fehlender und unplausibler Werte in der amtlichen Statistik. WISTA - Wirtschaft und Statistik, 73(5), 40–52. https://www.econstor.eu/handle/10419/244708

Qualtrics. (2022). Stichprobenrechner (Sample Size Calculator) I Qualtrics. https://www.qualtrics.com/de/erlebnismanagement/marktforschung/stichprobenrechner/

Rammstedt, B. (2004). Zur Bestimmung der Güte von Fragebogen. ZUMA How-to-Reihe(12). https://www.gesis.org/fileadmin/upload/forschung/publikationen/gesis_reihen/howto/how-to12br.pdf

Rapp, A. (2021). Digitalisierung – Chancen für Überlieferung und geistes- und kulturwissenschaftliche Forschung. Bibliothek Forschung und Praxis, 45(2), 255–261. https://doi.org/10.1515/bfp-2021-0018

Regorz, A. (2019, 8. Juni). Moderierte Mediation oder mediierte Moderation? http://www.regorz-statistik.de/inhalte/tutorial_moderierte_mediation_mediierte_moderation.html

Reips, U. D. (2021). Web-Based Research in Psychology. Zeitschrift für Psychologie, 229(4), 198–213. https://doi.org/10.1027/2151-2604/a000475

Reips, U. D., Buchanan, T., Krantz, J. & McGraw, K. (2016). METHODOLOGICAL CHALLENGES IN THE USE OF THE INTERNET FOR SCIENTIFIC RESEARCH: TEN SOLUTIONS AND RECOMMENDATIONS. Studia Psychologica, 15(2), 139. https://doi.org/10.21697/sp.2015.14.2.09

Rogator AG. (2019, 28. Oktober). Wie lang darf ein Online-Fragebogen sein? — Rogator AG. https://www.rogator.de/lang-online-fragebogen/

Rohrschneider, L. (2007). Behandlung fehlender Daten. https://edoc.hu-berlin.de/bitstream/handle/18452/14729/rohrschneider.pdf?sequence=1

Schmidt, N. & Voeth, M. (2021, Mai). Die Akzeptanzstudie: Projektbegleitende Forschung im Rahmen von Humboldt reloaded. https://humboldt-reloaded.uni-hohenheim.de/fileadmin/einrichtungen/humboldt-reloaded/Begleitstudien_HRI/Zwischenbericht_Akzeptanzstudie_final.pdf

Schnell, R., Hill, P. B. & Esser, E. (2008). Methoden der empirischen Sozialforschung (8. Aufl.). Lehrbuch. Oldenbourg.

Schütz, M. & Röbken, H. (2016). Bachelor- und Masterarbeiten verfassen: Abschlussarbeiten in Organisationen. essentials. https://ebookcentral.proquest.com/lib/gbv/detail.action?docID=4391622

Senyak, J., Kohn, Michael, Jarett, M. & Heim, E. (2021, 20. Dezember). Sample size – Survival analysis | Sample Size Calculators. Clinical & Translation Science Institute. https://sample-size.net/sample-size-survival-analysis/ & https://sample-size.net/sample-size-proportions/ & https://sample-size.net/sample-size-conf-interval-proportion/

Shen, W., Kiger, T. B., Davies, S. E., Rasch, R. L., Simon, K. M. & Ones, D. S. (2011). Samples in applied psychology: over a decade of research in review. Journal of Applied Psychology, 96(5), 1055–1064. https://doi.org/10.1037/a0023322

Smith, P. L. & Little, D. R. (2018). Small is beautiful: In defense of the small-N design. Springer. https://link.springer.com/article/10.3758/s13423-018-1451-8

Stodden, I. (2022, 4. Januar). Webrechner: Berechnung von Power und Stichprobenumfang für Anteile (relative Häufigkeiten) zweier unabhängiger Stichproben. https://imsiewebarchiv.uni-koeln.de/beratung/rechner/ps.html

Sullivan, G. B. (2008). Review: Dennis Howitt & Duncan Cramer (2005). Introduction to Research Methods in Psychology. Forum Qualitative Sozialforschung / Forum: Qualitative Social Research, 9(1). https://doi.org/10.17169/fqs-9.1.368 (Forum Qualitative Sozialforschung / Forum: Qualitative Social Research, Vol 9, No 1 (2008): The Analysis, Self-Reflection and Shaping of Professional Work).

Swales, J. M. (2009). When there is no perfect text: Approaches to the EAP practitioner's dilemma. Journal of English for Academic Purposes, 8(1), 5–13. https://doi.org/10.1016/j.jeap.2008.11.003

Tausendpfund, M. (2019). Quantitative Datenanalyse: Eine Einführung mit SPSS. Lehrbuch. Springer VS. https://doi.org/10.1007/978-3-658-27248-7

Wagner, W.-D. (Hrsg.). (1992). Springer eBook Collection Computer Science and Engineering. Software-Engineering mit APL2: Eine Anleitung zur Entwicklung kommerzieller Systeme. Springer Berlin Heidelberg. https://doi.org/10.1007/978-3-662-30454-9

Wetzel, E. & Greiff, S. (2018). The World Beyond Rating Scales. European Journal of Psychological Assessment, 34(1), 1–5. https://doi.org/10.1027/1015-5759/a000469

Wichmann, A. (2019). Quantitative und Qualitative Forschung im Vergleich: Denkweisen, Zielsetzungen und Arbeitsprozesse (1. Aufl.). Psychologie für Studium und Beruf. Springer Berlin Heidelberg. http://nbn-resolving.org/urn:nbn:de:bsz:31-e-pflicht-1580228

Witt, H. (2001). Forschungsstrategien bei quantitativer und qualitativer Sozialforschung. Forum Qualitative Sozialforschung / Forum: Qualitative Social Research, 2(1), 9.

Wolf, S. (2008, Februar). Der Methodenstreit quantitativer und qualitativer Sozialforschung: uunntteerr bbeessoonnddeerreerr BBeerrüücckkssiicchhtt iigguunngg ddeerr ggrruunnddlleeggeennddeenn UUnntteerrssscchhiieeddee. http://websquare.imb-uni-augsburg.de/files/Bachelorarbeit_Wolf.pdf

IV. Anhangsverzeichnis

7. Anhang

7.1. Die Präsentation

Das methodisch-exzellente Vorgehen bei einer quantitativen Fragebogenstudie

Ein wissenschaftlicher Vortrag über die empirischen und statistischen Verfah anhand einer künftigen Masterthesis im Rahmen des deepR-Forschungsproje

Gliederung

1. Allgemeines zum Forschungsprojekt und der Masterthesis
2. Stichprobe und Akquise
3. Erhebungsinstrument
4. Datenanalyse
5. Zusammenfassung und methodische Kritik
6. Literaturverzeichnis

Allgemeines zum Forschungsprojekt und der Masterthesis

Forschungsfrage: Wie stark wirkt sich das psychologische Konstrukt der wahrgenomm Bedrohung durch die technologische Arbeitslosigkeit auf die bei KI-bedingter Autom von Tätigkeiten in der Consulting Branche aus?

Hypothese 1: Die wahrgenommene Bedrohung durch die technologische Arbeitslosig steht im Zusammenhang mit der Befürchtung den Arbeitsplatz aufgrund des technologischen Fortschritts in der Consulting Branche zu verlieren.

Hypothese 2: Die wahrgenommene Bedrohung durch die technologische Arbeitslosi hängt mit der Kompetenzeinschätzung und dem Bildungsabschluss des Unternehmensberaters zusammen.

Hypothese 3: Zwischen den Consultants, welche bereits mit KI-bedingter Automation Tätigkeiten im Arbeitsalltag Erfahrungen sammeln konnten, besteht eine negativ Korrelation mit dem psychologischen Konstrukt der wahrgenommenen Bedrohung du technologische Arbeitslosigkeit. Dieser Effekt wird durch die positiv wahrgenommene bedingten Automation von Tätigkeiten moderiert, d. h. je positiver die Wahrnehmung negativer der Zusammenhang.

R-Forschungsprojekt:

ychologische Perspektive
KI-bedingte Automation
von Tätigkeiten und die
Zukunft der Arbeit
ragebogen stammt aus
qualitativen Vorstudien
(Interviewstudien)

Allgemeines zum Forschungsprojekt und der Master

Validität:
- Externe Validität eingeschränkt
- Interne Validität eingeschränkt

Reliabilität:
- Nur im Längsschnitt gegeben
- Keine Betrachtungsmöglichkeiten der internen Kon

Objektivität:
- Durchführungsobjektivität
- Auswertungsobjektivität
- Interpretationsobjektivität

Ökonomie:
- Durch einfache und schnelle Durchführung gewähr

Testfairness:
- Teilweise gewährleistet

Akzeptanz:
- Unbekannt

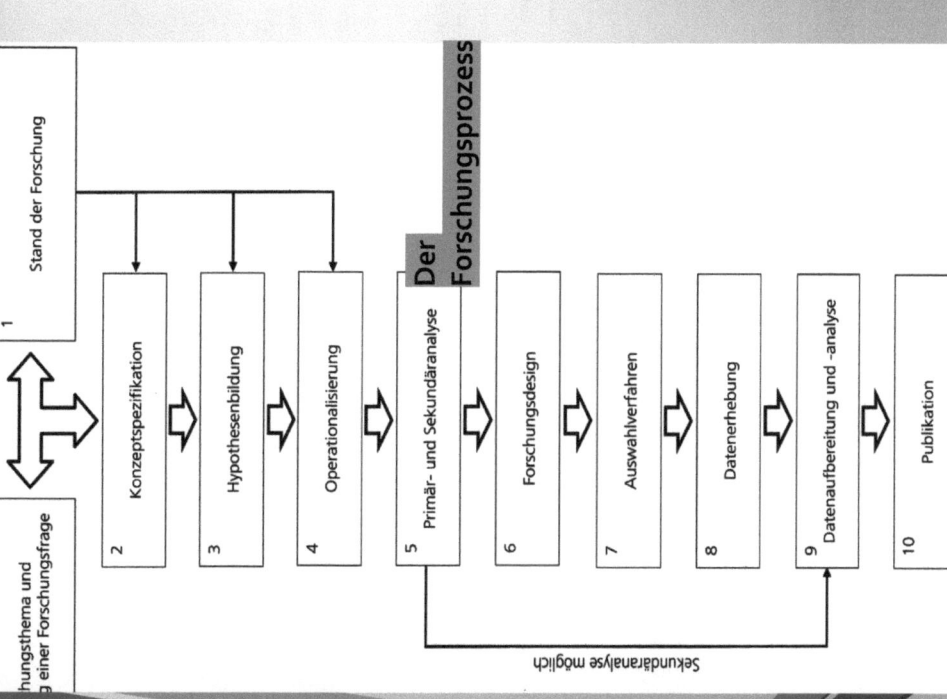

Allgemeines zum Forschungsprojekt und der Masterthesis

Forschungsdesing und Analysenmethode

```
                                    Eigenschaften der
                                    Daten

Art der          Zweck der                              Anzahl der        Messezeitpunkt der
Forschung        Forschung                              Forschungsobjekte Forschung

Empirische Studie  Deskriptive    Datenquelle  Datentyp  Datenerhebungs    Gruppenstudie    Querschnitt
quantitativ                                               verfahren         und
                                                                            Einzelfallstudie
                   Explanative     primär    Quantitativ/Korrel  Wie?      Stichprobenerhe-
                                             ativ                           bung

                                             numerische    Befragung:
                                             Daten; Viele   - online
                                             Studieneinheiten;
                                             strukturiert;   Wo?
                                             statistische
                                                            Onlinestudie
```

WAS	WOZU	WO, WIE, WELCHE DATEN	WIE VIELE	WIE OFT

Stichprobe und Akquise

Teilnahmevoraussetzungen:

– Volljährigkeit
– Psychisch Gesund
– In Deutschland wohnhaft/ansässig
– Berufstätig als Unternehmensberater
  (Consultant) oder Wirtschaftsprüfer

Stichprobenumfang:

– Berechnung mittels G*Power Statistiksoftware
– Berechnung mittels Onlinetools von der
  Universität zu Köln, dem Marktforschungsinstitut
  Qualtrics und/oder dem Clinical and Translation
  Science Institute

Akquise:

– Gezielte Einzelansprache von Unternehmen
  mittels einer Google-Recherche
– Social-Media-Ansprache über WhatsApp,
  Facebook, Instagram, LinkedIn, Xing und
  eine Stipendiencommunity (e-follows.net)
  nach dem Schneeballprinzip

Erhebungsinstrument

– Onlinefragebogen „KI in der Arbeitswelt" (KidA)

– Ziel des Forschungsprojektes: Die Ermittlung der Auswirkungen durch die Veränderung der Arbeitswelt durch den Einsatz von Künstlicher Intelligenz auf unser Erleben und Verhalten.

– Ziel der Masterthesis: Die Ermittlung der stärkebezogene Auswirkung des psychologischen Konstrukts der wahrgenommenen Bedrohung durch die technologische Arbeitslosigkeit auf die Implementierung von Künstlicher Intelligenz in der Consulting Branche.

– Aufbau:

- Einführung, Hintergrund, Einverständnis und Informationen zur Studie
  - Einführung des Themas mithilfe einer Vignette und vier Items)
  - vier affektive Items (Angst, Vorfreude, Hoffnung, Frustration)
- Prospektive Items zu elf psychologischen Konstrukten (Arbeitszufriedenheit, Kontrollüberzeugung,...)
  - Demographische Items
  - Items zur Arbeit und Arbeitswelt
    - Feedbackmodul
  - Itemformat:
    - Single-Item-Messure
      - Likert-Skala

Exkurs: Fehlende Daten

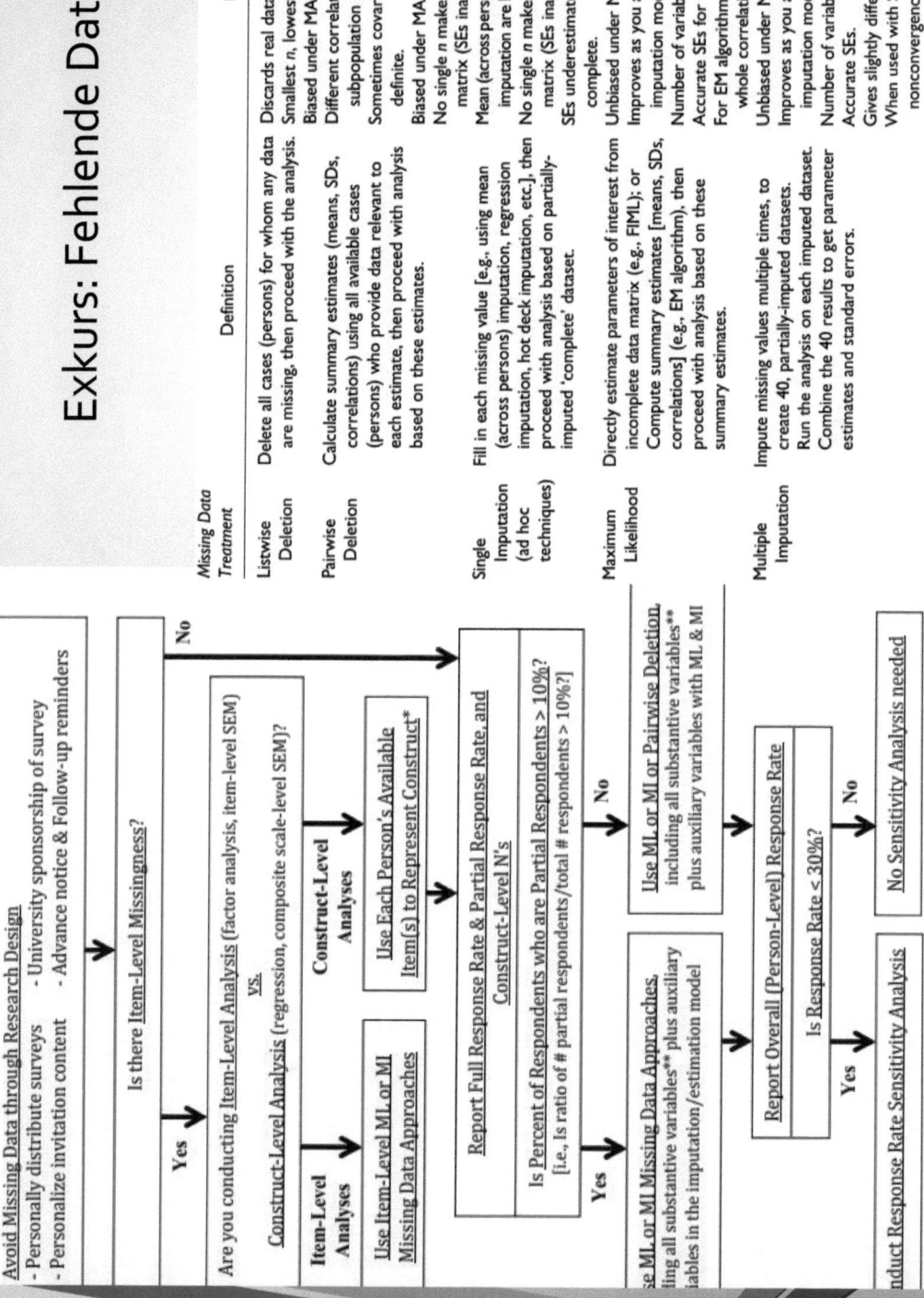

Datenanalyse

Demographische Analyse:

- Geschlecht
- Alter
- Wohnort
- Wohngegebenheiten
- Bildungsabschluss
- Berufsgruppe
- Berufssektor
- Beschäftigungsstatus
- Beginn der Tätigkeit
- Nettoeinkommen
- Geistige vs. Körperliche Tätigkeit
- Vorgesetztenfunktion

Anzuwendende Statistische Verfahren:

- Multiple-Lineare-Regresionsanalyse und Lineare Regresionsanalyse
- Demografie: deskriptive Statistik und Häufigkeitstabellen

Exkurs: Kontrollvariablen

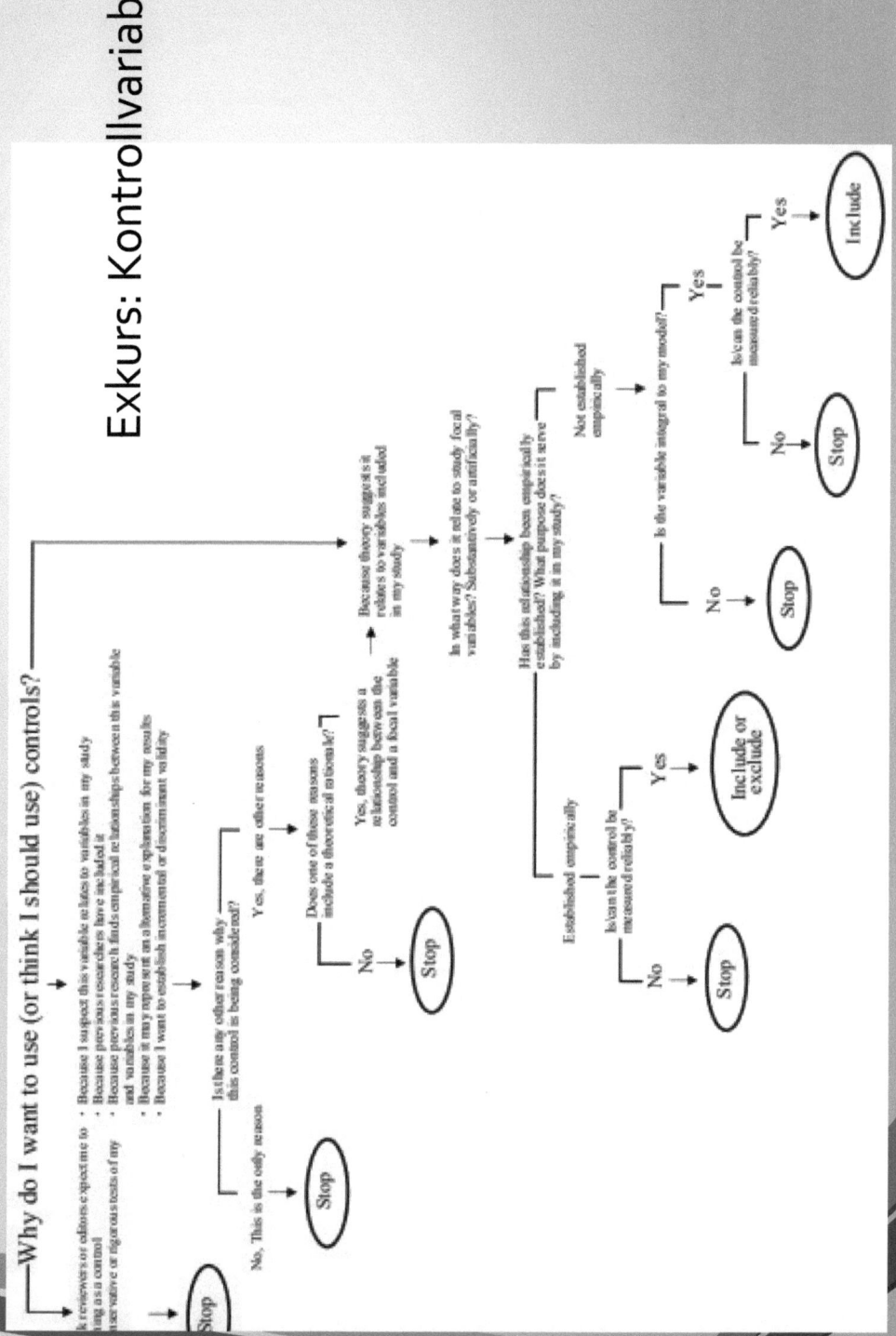

Zusammenfassung und methodische Kritik

Quantitative Fragebogenstudie:

– Vorteile:
- Größere Stichprobe möglich
- Hoher Grad an Verallgemeinerbarkeit der Ergebnisse
- Objektivität ist gegeben
- Zeit- und Ressourceneffizient

– Nachteile:
- Keine Aussagen über Kausalität möglich
- Unausgeglichene Teilnehmerzahl in Bezug auf die Geschlechterverteilung
- Mehrfachteilnahmen sind faktisch möglich
- Drop Outs in Form von Fragebogenmüdigkeit
- Fragebogenstudien liefern oft keine hohe Qualität im Hinblick auf verallgemeinerbare Daten

Zusammenfassung und methodische Kritik

Alternativen:

➤ **Fragebogen im Längsschnitt:**
  – Vorteile:
  • Ergebnisse sind zuverlässiger
  • Veränderungen und Entwicklungen können analysiert werden
  – Nachteile:
  • Hoher Zeitaufwand
  • Schwierigkeit die Befragten zu überzeugen beziehungsweise beizubehalten

➤ **Interviewstudie:**
  – Vorteile:
  • Liefert Aussagen über den Ursachen-Wirkungs-Zusammenhang
  • Offene Erhebungsmethode
  – Nachteile:
  • Repräsentativität der Auswahl nicht/kaum gegeben
  • Geringe Stichprobe
  • Hoher Zeitaufwand bei der Durchführung und Auswertung

➤ **Experiment:**
  – Vorteile:
  • Kausalität ist gegeben
  • Einsatz neuer und vielversprechender Technolog (VR oder Hologramme)
  – Nachteile:
  • Zeit und Ressourcenaufwändig

➤ **Systematische Literaturanalyse/Metaanal**
  – Vorteile:
  • Bereits vorhandene Daten
  • Einhaltung aller wissenschaftlichen Gütekriteri
  – Nachteile:
  • Erfasst nur den aktuellen Wissensstand
  • Hoher Zeitaufwand über den gesamten Proze hinweg

Literaturverzeichnis

Folie 1:
(Humboldt-Universität zu Berlin, 2021, S. 1)

Folie 2:
rt, 2021; Döring et al., 2016; Krüger, 2014; Moosbrugger & Kelava, 2012; Rammstedt, 2004; Schmidt & Voeth, 2021; Schnell et a
Schütz & Röbken, 2016; Tausendpfund, 2019)

Folie 3:
(Döring et al., 2016; Häder, 2015)

Folie 4:
(Dilchert, 2021)

Folie 5:
(Buchwald & Thielgen, 2009; Qualtrics, 2022; Senyak et al., 2021; Stodden, 2022)

Folie 6:
(Dilchert, 2021; Kuckartz et al., 2013)

Folie 7:
(Newman, 2014, 374 & 378)

Folie 8:
(Bernerth & Aguinis, 2016, S. 273)

Folie 9:
, 2007; Boynton & Greenhalgh, 2004; Döring et al., 2016; Ebermann, 2010; Frick et al., 2001; Markard, 1993; Rammstedt, 2004; al., 2016; Reips, 2021)

Folie 10:
usen et al., 2014; Baumgarth et al., 2009; Blettner et al., 1997; Cipresso & Immekus, 2017; Eden, 2017; Foltz et al., 2000; Hodgki
l, 2014; Jungjohann et al., 2018; Kaiser, 2017; Kelle, 2003; Keuschnigg & Wolbring, 2015; Mayring, 2007b; Meulemann, 2021; M
Mruck, 2010; Moosbrugger & Kelava, 2012; Swales, 2009; Wolf, 2008)

Danke für Eure Aufmerksamkeit

Scannen & Downloaden